AMIDST WATER AND MUD

THE DECOMPOSITION OF A DREAM, IN 50 FRAGMENTS

ENTRE EL AGUA Y EL LODO

LA DESCOMPOSICIÓN DE UN SUEÑO, EN 50 FRAGMENTOS

AMIDST WATER AND MUD
THE DECOMPOSITION OF A DREAM, IN 50 FRAGMENTS

ENTRE EL AGUA Y EL LODO
LA DESCOMPOSICIÓN DE UN SUEÑO, EN 50 FRAGMENTOS

by

Héctor García Moreno

Bilingual edition

Translated from Spanish and edited

by

Arthur Gatti
and
Roberto Mendoza Ayala

Prologue by Raúl Casamadrid

Cover photograph and design by Alonso Venegas Gómez
Illustrations by Héctor García Moreno

DARK LIGHT
PUBLISHING
NEW YORK • MÉXICO

2018

Copyright © 2018 by Héctor García Moreno

All rights reserved. This book or any portion thereof may not be reproduced or used in any manner whatsoever without the express written permission of the publisher except for the use of brief quotations in a book review or scholarly journal, giving the credit to the author and the publisher.

First printing: July 2018

ISBN: 978-0-9982355-6-1

Designed and typeset in New York City by:

Darklight Publishing LLC
8 The Green Suite 5280
Dover, DE 19901

Contents

Part I
The Mud

Part II
The Grandmothers

Part III
Searching for the Hummingbird

Part IV
Cracked Feet

Part V
The Sewer and the Tap

Table of Contents

Prologue..17

Preamble..21

Part I   The Mud

From the same pipe emanates 28

This blog would be...30

And it is that love...32

Amidst water and mud 34

From a lake...36

From the water eye...38

Amidst water and mud 40

In a handful of earth...42

To the offshoot of the mesquite 44

Life breathes...46

Part II   The Grandmothers

With a stick..50

At dawn and with agile steps...............................52

Water is air. Air, water...54

The forging hands...56

The potter 58

The corneas...60

The mother-girl..62

By immersion and by crying 64

Corn leaf...66

From the realm of dust 68

Part III   Searching for the Hummingbird

Sonnets are unveiled in the air 72
The sliver 74
She appears 76
If I heard her..78
Moving along with you 80
She fluttered cautiously..82
Fertility...84
She nested in the mouth 86
From loving her so much 88
I shelter her in mud 90

Part IV   Cracked Feet

Decalcification 94
[Desolation]..96
[Insolation]...98
Walking the maize field 100
[Landslide]...102
Time is shortened 104
There was a kiss 106
After that I looked at them from the boulder 108
The skin mutates 110
Great outbreak of the anonymous peace 112

Part V　　　　The Sewer and the Tap

From the cistern 116
As well 118
Of water and mud 120
From the mouth will sprout 122
You must wash yourself with mud 124
From the tap to the sewer there is a frame 126
Amidst water and mud 128
A sewer discharges 130
With this cured mezcal 132
The love rusts 134

About the author 138

Contenido

Parte I
El Barro

Parte II
Las Abuelas

Parte III
Buscando la Colibrí

Parte IV
Pies Resquebrajados

Parte V
La Cloaca y el Grifo

Índice

Prólogo 19
Preámbulo..23

Parte I   El Barro

De la misma tubería emana 29
Sería esta bitácora..31
Y es que el amor 33
Entre agua y lodo...35
De un lago 37
Del ojo de agua..39
Entre el agua y el lodo..41
En un puñado de tierra...43
Al retoño del mezquite 45
Respira la vida..47

Parte II   Las Abuelas

Con una vara..51
De madrugada y paso ágil 53
Agua es aire. Aire, agua..55
Las manos forjadoras..57
El alfarero 59
Las córneas 61
La madre niña 63
Por inmersión y llanto 65
Hoja de maíz..67
Del reino del polvo 69

Parte III   Buscando la Colibrí
Se develan sonetos en el aire 73
En la lengua..75
Aparece y 77
Si la escuché 79
Avanzar contigo 81
Revoloteó cautelosa 83
La fertilidad..85
Anidó en la boca 87
De tanto quererla..89
La cobijo con fango 91

Parte IV   Pies Resquebrajados
Descalcificación...95
[Desolación]..97
[Insolación]...99
Por la milpa andando 101
[Deslave]..103
Se acorta el tiempo...105
Hubo un beso 107
Después los miré desde el peñasco 109
Muta la piel..111
Gran estallido de la paz anónima 113

Parte V   La Cloaca y el Grifo

De la cisterna 117
También 119
De agua y lodo..121
De la boca brotarán......................................123
Con lodo has de lavarte 125
Del grifo a la cloaca hay un tejido................127
Entre el agua y el lodo.................................129
Alguna cloaca desagua.................................131
Con este mezcal curado...............................133
El amor se oxida 135

Acerca del autor..139

Prologue

How is a book of poetry reviewed? Should we analyze, empathize, compare, contrast, defend, destroy? Rhyme and meter are no longer a requirement to write poetry, nor a formula that ensures its stylistic value. The poetic work, when it is solid, creates its own orb, its own language; and it is in itself the universe of each one, contained in the poem.

It is not about talking about the book of poetry: it is about speaking **from** the book itself. *Amidst water and mud [The decomposition of a dream, in 50 fragments]* is a work architecturally constructed in five levels: The Mud, The Grandmothers, Searching for the Hummingbird, Cracked Feet, and The Sewer and the Tap. Water and mud recreating a density, a density of the human being, (flesh, bones and dust) but also of dreams: life and death, under the rhetoric of the natural biological cycle; where you are born, you live, you grow, you reproduce and you die, but essentially, where you come to dream.

In fact, humanity, since it is human—that is, since man managed to speak and have history and memory—has repeated the same poem with slight or large variants, such as the poem which *fills the mouth with earth.*

The poem in prose should contain poetry, but poetry should not stray too far from prose, at the risk of suffocating itself and ceasing to be. In this way, the poetry of this book travels from the water of the rivers to the clouds of the sky, from where it rushes back into the air and storms down to become salt again.

Its reading is the reading of an ancestral history: that of origin and gender. *Mass contained in volume.* The evaporation, but also the formation.

Red earth is the element with which mothers, grandmothers, hummingbirds, fathers and sons are made. Caustic and casuistic poem; ironic and lethal; loving and blind, like the first kiss that cannot return.

RAÚL CASAMADRID
City of Morelia, March of 2018.

Prólogo

¿Cómo se reseña un libro de poesía? ¿Habrá que analizar, empatizar, comparar, contrastar, defender, destruir? La rima y la métrica no son ya ni un requisito para escribir poesía, ni una fórmula que asegure su valor estilístico. La obra poética, cuando es sólida, crea su propio orbe, su propio lenguaje; y es en sí, el universo de cada uno, contenido en el poema.

No se trata de hablar del libro de poesía: se trata de hablar *desde* el libro mismo. *Entre el agua y el lodo [La descomposición de un sueño, en 50 fragmentos]* es una obra arquitectónicamente construida en cinco niveles: El Barro, Las Abuelas, Buscando la Colibrí, Pies Resquebrajados, y La Cloaca y el Grifo. Agua y lodo recreando una densidad, densidad de ser humano, (carne, huesos y polvo) pero también de sueños: la vida y la muerte, bajo la retórica del ciclo biológico natural; donde se nace, se vive, se crece, se reproduce y se muere, pero esencialmente, donde se viene a soñar.

En efecto, la humanidad desde que es humana (es decir, desde que el hombre logró hablar y tener historia y memoria) ha repetido el mismo poema con ligeras o grandes variantes, como el poema *que llena la boca de tierra*.

El poema en prosa debe contener a la poesía, pero la poesía no debe de alejarse demasiado de la prosa, a riesgo de asfixiarse en sí misma y dejar de ser. De esta manera, la poesía de este libro transita del agua de los ríos a las nubes del cielo, desde donde se precipita de nuevo entre el aire y tormentas para volver a ser sal.

Su lectura, es la lectura de una historia ancestral: la del origen y del género. *Masa contenida en volumen*. La evaporación pero también la formación.

Tierra roja, que es el elemento con el que están hechas las madres, las abuelas, las colibríes, el padre y el hijo. Poema cáustico y casuístico; irónico y letal; amoroso y ciego, como el beso primero que no puede regresar.

RAÚL CASAMADRID
Ciudad de Morelia, Marzo de 2018.

Preamble

I was born at night and by inertia, with no complications, in a hospital in Mexico City. I am a son of Linda and Héctor and brother of Vanessa and Mariana. Spectator from the cradle, of outdoor natural sounds such as rain, crickets and passers-by. Howls of dogs, turtledoves and thunder. I have sipped some memories and remembrances with my eyes, and I have also caressed them randomly with my skin, senses and presence; like the red earth of Michoacán, its infinite variety of trees, the Paricutín lava, and all that in nature can simply be loved. I am a lover of mystery, of silence and of night. And that is because Universe is associated with silence, with night and with mystery. I have written this book from a dream: "Before me I had the lake, the great lake. It was stagnant water, but absolutely crystal clear. At no point was it deep, the water reached to the knees and the sand stretched like a carpet of extreme softness. From above, where I was, I saw a submerged object. It was a wooden cross and I had the need to separate it from the lake. When I went down to look for it, it vanished, and the water, like a mirror, showed me my face. Although the reflection was clear, it was hard for me to recognize myself. But it was me, at last, and I could contemplate myself, see the features of my eyes and their brightness, the human form the great spirit had shaped for me. So I could appreciate and love, from that moment and until today, that image."

Héctor García Moreno

Preámbulo

Nací de noche y por inercia, sin complicaciones, en un hospital de la ciudad de México. Hijo de Linda y de Héctor y hermano de Vanessa y de Mariana. Espectador, desde la cuna, de sonidos naturales exteriores como la lluvia, los grillos y los transeúntes. También los aullidos de los perros, las tórtolas, y los truenos. He bebido con los ojos algunos recuerdos y memorias y los he acariciado de manera aleatoria con la piel, con los sentidos y la presencia; como la tierra colorada michoacana, su infinita variedad de árboles, la lava del Paricutín y todo aquello de la naturaleza que simplemente pueda amarse. Soy amante del misterio, del silencio y de la noche. Y es que el Universo se asocia con silencio, con noche y con misterio. He escrito este libro a partir de un sueño: "Ante mí tenía el lago, el gran lago. Era agua estática, pero absolutamente cristalina. En ningún punto era profundo, el agua llegaba a las rodillas y la arena se extendía como un tapete de extrema suavidad. Desde arriba, donde yo me encontraba, vi un objeto sumergido. Era una cruz de madera y tuve la necesidad de apartarla del lago. Cuando bajé para buscarla, ésta se desvaneció y el agua, a manera de espejo, me enseñó mi rostro. Aunque el reflejo era nítido me costó trabajo reconocerme, pero era yo, al fin, y pude contemplarme, ver los rasgos de mis ojos y su brillo, la forma humana que conformó el gran espíritu para mí. Y pude apreciar y amar, desde ese momento y hasta hoy, esa imagen."

Héctor García Moreno

AMIDST WATER AND MUD

THE DECOMPOSITION OF A DREAM, IN 50 FRAGMENTS

ENTRE EL AGUA Y EL LODO

LA DESCOMPOSICIÓN DE UN SUEÑO, EN 50 FRAGMENTOS

PART I

THE CLAY

EL BARRO

From the same pipe emanates

water and mud.

From the mud-heart
shapeless human mud
blood
oxygen
clays

[The tap rusts
the lips are corroded]

De la misma tubería emana,

agua y lodo.

Del corazón lodo
humano lodo amorfo
sangre
oxígeno
arcillas

[Se oxida el grifo
los labios se corroen]

Héctor García Moreno

This blog would be
an impassive, taciturn
game

Evaporation
unction

[desire]

Sería esta bitácora
un juego impasible,
taciturno

Evaporación
unción

[deseo]

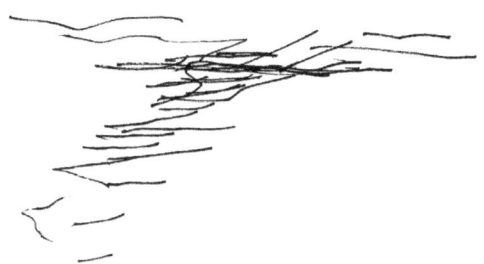

Héctor García Moreno

And it is that love

rots and pricks with saltpeter

emerges up through the glands

as wall moisture

Amidst Water and Mud / *Entre el agua y el lodo*

Y es que el amor

se pudre y se pica con salitre

emerge ascendente por las glándulas

como humedad de pared

Amidst water and
mud
there is a density

the specific weight of one's own body

we fall
to this ample void
and from a dream

it comes off the whole

Amidst Water and Mud / *Entre el agua y el lodo*

Entre agua y
lodo
hay una densidad

el peso específico del propio cuerpo

se cae
a este vacío suficiente
y de un sueño

se desprende el todo

Héctor García Moreno

From a lake

[or from any stream]

A frugal desire unlocks:
to be water.

From a cloud;
to be air.

Salt

crystals

translucent expanse

De un lago

[o de cualquier arroyo]

Se destraba un deseo frugal:
              ser agua.

                    De una nube;
                      ser aire.

                          Sal

                   cristales

          traslúcida extensión

From the water eye

[or from any pond]

folds to its edges

fossil snail

shell

fresh soil
to macerate

Amidst Water and Mud / Entre el agua y el lodo

Del ojo de agua

[o de cualquier estanque]

repliega a sus bordes

fósil caracol

caparazón

tierra fresca
para macerar

Héctor García Moreno

Amidst water and mud
was me without name

I was a faceless one

but clay was the medium
of the emerging body

the medium of transfiguration

Amidst Water and Mud / *Entre el agua y el lodo*

Entre el agua y el lodo
era yo sin nombre

era uno sin rostro

pero el barro era el medio
del cuerpo en formación

el medio de la transfiguración

In a handful of earth
[it dozed lightly]
the seed

it soon swelled up
and on the face of the ground

it raised the body hurriedly

towards the light beam
that has to embellish it

towards the cadential air

En un puñado de tierra
[dormitó]
ligera la semilla

pronto se hinchó
y a la faz del suelo

levantó el cuerpo presurosa

hacia el rayo de luz
que ha de embellecerla

hacia el aire cadencioso

Héctor García Moreno

To the offshoot of the mesquite

[into the radius of its canopy]

the thunderstorm buzzes:

In a swing

of apparent coordinates with no reading

the hive sucks the balsam exhaled

by yellow and fragrant flowers

Al retoño del mezquite

[en el radio de su copa]

zumba el nubarrón:

En un vaivén

de aparentes coordenadas sin lectura

liba la colmena el bálsamo exhalado

por flores amarillas y fragantes

Héctor García Moreno

Life breathes
and the adobe house
gives everything

the fertile earth
the prevailing love

In the house
the same house
[skin of straw]
everything converges

the lit fire
the wheat bread

Life breathes
in the house that gives everything

Amidst Water and Mud / Entre el agua y el lodo

Respira la vida
y la casa de adobe
todo lo da

la tierra que es fecunda
el amor que prevalece

A la casa
la misma casa
[piel de paja]
todo converge

el fuego encendido
el pan de trigo

Respira la vida
en la casa que todo lo da

PART II

THE GRANDMOTHERS

LAS ABUELAS

With a stick
the sun is measured

its trace
on the earth

With a stick
a clock is built

in an attempt
to measure time

When the shadow
fades

When the shadow
covers everything

Con una vara
se mide el sol

su trazo
sobre la tierra

Con una vara
se construye un reloj

en un intento
de medir al tiempo

Cuando la sombra
desvanece

Cuando la sombra
todo lo cubre

Héctor García Moreno

At dawn and with agile steps
the grandmothers arrived

bringing joy and their dogs
the animals loaded with firewood

At sunrise
the black smoke of the chimney
was already suspended in the east

Amidst Water and Mud / Entre el agua y el lodo

De madrugada y paso ágil
llegaron las abuelas

trayendo regocijo y a sus perros
los animales cargados de leña

Al rayar el sol
ya estaba suspendido en el oriente
el humo negro del chacuaco

Héctor García Moreno

Water is air. Air, water

Origin and gender

[uterus, seed]

Creator's flow

[hope contained in volume]

traveling in the memory

[timeless, infinite]

Agua es aire. Aire, agua

Origen y género

[útero, simiente]

Flujo del creador

[esperanza contenida en volumen]

viajando la memoria

[atemporal, infinita]

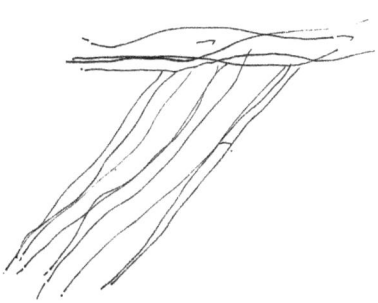

Héctor García Moreno

The forging hands
subject us to fire

with the conceived form
modeled from the lathe

arms and
legs of clay

silica sand heart

cracks

imperfection

Las manos forjadoras
nos someten al fuego

con la forma concebida
modelada desde el torno

brazos y
piernas de arcilla

corazón de arena sílice

fisuras

imperfección

Héctor García Moreno

The potter
provided a name
for me

the artisan
an ornament

the priest
an ambiguous sign

the grandmothers the intention

Amidst Water and Mud / Entre el agua y el lodo

El alfarero
dispuso un nombre
para mí

el artesano
un ornamento

el párroco
un signo equívoco

las abuelas la intención

Héctor García Moreno

       The corneas

       withstood the heat
       without bursting

       becoming ceramic

       in the iris
       penetrated

       an almost uncertain
       premature light

Las córneas

soportaron el calor
sin reventar

tornándose a cerámica

en el iris
penetró

luz prematura
casi incierta

The mother-girl

embodied in the cheeks on my face

bluish cheekbones
tight lips

such as her drawn face

the mother-girl

on candle nights
embroidered colorful flowers of paradise

in the dress
of braided henequen

La madre niña

encarnó en mi rostro las mejillas

pómulos azulados
labios ceñidos

tal como su rostro dibujado

la niña madre

en noches de vela
bordó coloridas flores de paraíso

en el vestido
de henequén trenzado

Héctor García Moreno

By immersion and by crying
moisture is recreated:

the salt outcrops and wears white

[carpet,
cloth]

in a very brief moment

it lowers by itself
it dilutes tenuously
and ends up clouding the look
in a veil

of ardor and uncertainty

Por inmersión y llanto
se recrea la humedad:

la sal aflora y viste de blanco

[alfombra,
paño]

en un instante muy breve

baja por sí sola
se diluye tenue
y termina por nublar a la mirada
en un velo

de ardor e incertidumbre

Héctor García Moreno

Corn leaf

to wrap your heart

don't cry so much

today you are going to rinse yourself

with furrow water

to remove grief

Hoja de maíz

para envolver tu corazón

ya no llores tanto

hoy vas a enjuagarte

con el agüita del surco

para quitar la pena

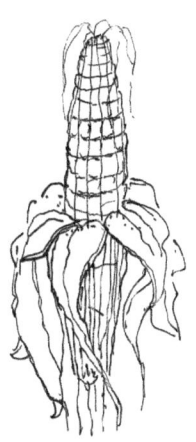

From the realm of dust

man was erected

he observed his impregnated footprint

his accompanying shadow

his yoke, his chain

But there were for him

two hydrogen atoms

a crown of thorns

maguey heart and sap

Amidst Water and Mud / Entre el agua y el lodo

Del reino del polvo

se erigió el hombre

observó su huella impregnada

su sombra acompañante

su yugo, su cadena

Pero hubo para él

dos átomos de hidrógeno

una corona de espinas

corazón de maguey y savia

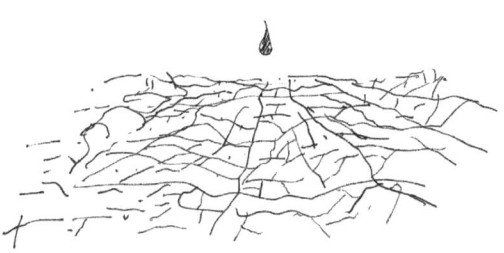

PART III

SEARCHING FOR THE HUMMINGBIRD

BUSCANDO LA COLIBRÍ

Héctor García Moreno

Sonnets are unveiled in the air

dilated dew on the lips
permanence of floral scents

potassium extract

macerated and milky kisses
pass through the humidity

Amidst Water and Mud / Entre el agua y el lodo

Se develan sonetos en el aire

rocío dilatado en los labios
permanencia de esencias florales

extracto de potasio

entre la humedad transitan besos
macerados y lechosos

The sliver
adheres to the tongue

the stigmata of flowers

all of the polen
is diluted with saliva

En la lengua
se adhiere la brizna

los estigmas de las flores

todo el polen
se diluye con saliva

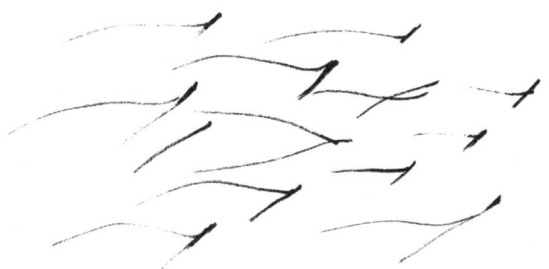

Héctor García Moreno

She appears
and disappears among maguey flowers

sparks flickering wings
light penetrating shadows
anxieties going beyond

a brushstroke of gold
between the ochers of the future

Aparece y
entre flores de maguey desaparece

destellos alas agitadas
luces penetrando sombras
ansias que rebasan

una pincelada de oro
entre los ocres del futuro

Héctor García Moreno

If I heard her
I could barely see her

how often
she escaped through thickets

how many feathers I picked up from her mystery

how many times other birds
of identical chords

Si la escuché
apenas pude verla

cuántas veces
escapó entre matorrales

cuántas plumas recogí de su misterio

cuántas veces otras aves
de idénticos acordes

Moving along with you

over the surface

[River water]

To be foam to arrive lightweight

white foam that comes to you

air bubble that rises

and is going to burst

Avanzar contigo

sobre la superficie

[Agua de río]

Ser espuma para llegar ligero

espuma blanca que llega a ti

burbuja de aire que se eleva

y va a reventarse

Héctor García Moreno

She fluttered cautiously
around the lips

she drank sips of mead
and I had long drinks from her
she drank from me and we drank
from the same nectar

from her ethereal body
every impregnated dew drop
every essence distilled in sweat

Revoloteó cautelosa
alrededor de los labios

bebió sorbos de aguamiel
y yo de ella tragos largos
bebió de mí y bebimos
del mismo néctar

desde su cuerpo etéreo
cada gota de rocío impregnada
cada esencia destilada en el sudor

Héctor García Moreno

    Fertility

    is released from the sky
    to the cracks
    of the earth

    brown landscape that
    predominates

    at dusk and in the valley

    falls
    the drizzle

La fertilidad

se descarga desde el cielo
a las grietas
de la tierra

paisaje marrón que
predomina

atardece y en el valle

aterriza
la llovizna

She nested in the mouth
hummingbird
her fine beak as a needle
she took out every breath from my throat
every viscera

She set apart
strands of fibrous straw
locks of some beast
for the stuffing
of the body without flesh

Anidó en la boca
colibrí
su pico fino como aguja
sacó de mi garganta cada aliento
cada víscera

Reservó
hilachos de paja fibrosa
mechones de alguna bestia
para el relleno
del cuerpo sin carne

Héctor García Moreno

From loving her so much

he swallowed the hummingbird

she entered by the mouth went down
to the belly

there was sun and moon before night

yet he didn't burp

the bit of love

Amidst Water and Mud / Entre el agua y el lodo

De tanto quererla

se tragó la colibrí

entró por la boca bajó
    hasta el vientre

había sol y antenoche luna

ya no eructó

el bocado de amor

I shelter her in mud
to dream

but she doesn't want to dream

I forget that water
hydrates history
models the form
softens the stones

it washes the eyes
with imposed tears

she decides it's better to fly

La cobijo con fango
para que sueñe

pero no quiere soñar

Olvido que el agua
hidrata la historia
tornea la forma
ablanda las piedras

con lágrimas impuestas
lava los ojos

decide mejor volar

PART IV

CRACKED FEET

PIES RESQUEBRAJADOS

Héctor García Moreno

Decalcification
sulphur,
sinful devil

Salt,
that dissolves
into water

layers of dust heap of time

carbon mat

[laid at the feet]

Amidst Water and Mud / Entre el agua y el lodo

Descalcificación
azufre,
diablo pecaminoso

Sal,
que se disuelve
en agua

capas de polvo cúmulo de tiempo

tapete de carbón

[extendido a los pies]

Héctor García Moreno

[Desolation]

Fish
die by air
animals by water

The mud
rejoices and collects corpses

buries skulls

grinds up

skeletons

[Desolación]

Los peces
mueren por aire
los animales por agua

El fango se
regocija y colecciona cuerpos

sepulta cráneos

pulveriza

a los esqueletos

[Insolation]

the agave leaf
withers
with parallel grooves
it breaks to the tips

the mead drips

from this

broken vessel

[Insolación]

la penca del agave
se marchita
con estrías paralelas
rompe hasta las puntas

escurre el aguamiel

de esta

vasija rota

Héctor García Moreno

Walking the maize field
through the everyday path

going in the morning
and coming back
when the sun lies down

the way the horizon looks
from this built-in vertex

downpours that come and go
downpours that will no longer come

storms that your sky pours on me

Por la milpa andando
en el camino de siempre

a la mañana de ida
y de vuelta
al acostarse el sol

así luce el horizonte
desde este vértice empotrado

aguaceros que vienen y van
aguaceros que ya no vendrán

las tormentas que tu cielo me dan

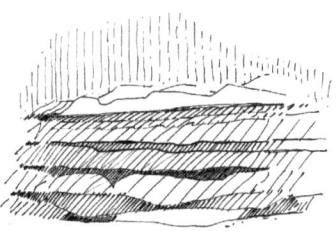

[Landslide]

Earth talent
that overcomes:

fomentations
of fresh mud will weld

the grooved fingers
cracked feet

the thorns of the plains

[Deslave]

El talento de la tierra
que supera:

con fomentos
de barro fresco soldarán

los dedos agrietados
pies resquebrajados

las espinas de los llanos

Time is shortened

the stones reveal their streaks

every grain of sand
is removed

and the river bend
insatiably drowns

the raindrops
drawn from the cloud

Se acorta el tiempo

las piedras revelan sus vetas

se remueve
cada grano de arena

y el brazo de río
ahoga insaciable

gotas de lluvia
desprendidas de la nube

Héctor García Moreno

There was a kiss

the kiss of the mother-girl

her healing and loving
aloe lips
sweetly sealed

my name
and her moment

my silence

Hubo un beso

el beso de la madre niña

sus labios de sábila
curanderos y amorosos
sellaron dulcemente

mi nombre
y su momento

mi silencio

Héctor García Moreno

After that I looked at them from the boulder
I went down for them

I entered the water

and the moment I took them to the surface
they dispelled themselves in vapor

Después los miré desde el peñasco
bajé por ellos

entré al agua

y al momento de llevarlos a la superficie
se esparcieron en vapor

The skin mutates
on a bed of worms

On a hay bale
the remains dehydrate

but there persist sustained notes
of goldfinches

interlude of echoes
wading mountain edges

a dance of eagles and ancestors

the fleeting pathway
of the star

Amidst Water and Mud / *Entre el agua y el lodo*

Muta la piel
en una cama de gusanos

sobre una losa de heno
se deshidratan los restos

pero quedan voces sostenidas
de jilgueros

intervalos de ecos
vadeando aristas de montaña

una danza de águilas y ancestros

el trayecto fugaz
de la estrella

Great outbreak of the anonymous peace:

there was only silence
but there was no lack of air

it is lit
the inner fire of the volcano:

glory

agony

Amidst Water and Mud / Entre el agua y el lodo

Gran estallido de la paz anónima:

    solo hubo silencio
    pero no faltó el aire

        está encendido
    el fuego interno del volcán:

            gloria

            agonía

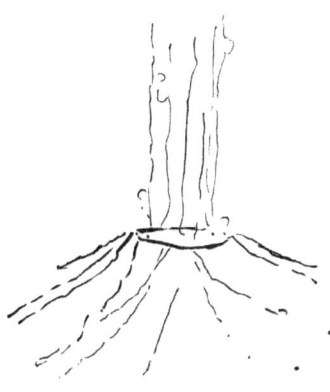

PART V

THE SEWER AND THE TAP

LA CLOACA Y EL GRIFO

From the cistern

water is distributed
to the sink and to the water tank

from the jugular
and the heart
goes the blood and mezcal

it climbs by gravity to the roof
to sanity by drunkenness

De la cisterna

se distribuye el agua
al fregadero y al tinaco

de la yugular
y el corazón
va la sangre y el mezcal

sube por gravedad a la azotea
al juicio por embriaguez

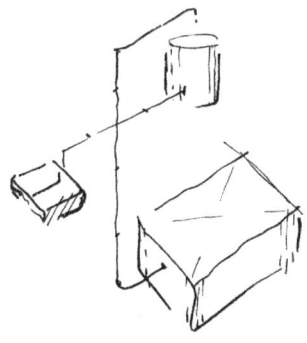

As well
there is putrid water

nitrate
lack of love
poison

stagnant water

a stinking fountain
for clustered rats

También
hay agua descompuesta

nitrato
desamor
veneno

agua estancada

un bebedero maloliente
para ratas agrupadas

Of water and mud

of murky or clear water

of odorless or fecal matter

of fertile soil

of viscous liquids

or manure

the whole is made up

[the periodic table
of the elements]

Amidst Water and Mud / *Entre el agua y el lodo*

De agua y lodo

de agua turbia o transparente

de materia inodora o fecal

de tierra fértil

de líquidos viscosos

o estiércol

se compone el todo

[la tabla periódica
de los elementos]

From the mouth will sprout

stinking words
injuring sentences

[water that is
wasted from the tap]

half-opened lips
sewage
the faucet that drop by drop
pours
red poisonous grief

De la boca brotarán

fétidas palabras
oraciones lacerantes

[agua que se
tira del grifo]

labios entreabiertos
aguas negras
la llave que gota a gota
derrama
rojo dolor ponzoñoso

You must wash yourself with mud

fill your mouth with dirt

so that you no longer blaspheme
so that the tongue heals

and you can drink from the enameled jug

You must wash yourself with mud

spread it on the back
on the transgressed years

Amidst Water and Mud / Entre el agua y el lodo

Con lodo has de lavarte

llénate la boca de tierra

para que ya no blasfemes
para que la lengua cicatrice

y puedas beber del cántaro esmaltado

Con lodo has de lavarte

uncir la espalda
los años transgredidos

From the tap to the sewer there is a frame,
a branch

The joint of pipes
that discharge into the network

from the bowels to the pharynx
vomit is expelled

the abdominal air distils

acids and gas
from the trachea to the tonsils

Del grifo a la cloaca hay un tejido,
un ramal

La unión de tuberías
que descargan a la red

del intestino a la faringe
se expele el vómito

destila el aire abdominal

ácidos y gas
de la tráquea a las amígdalas

Amidst water and mud

I had a face

over time

I could recognize it

over the lake traced

in a dream

it was the face of the grandmother

of the mother-girl

of the hummingbird

Entre el agua y el lodo

tuve un rostro

con el paso del tiempo

pude conocerlo

sobre el lago dibujado

en un sueño

era el rostro de la abuela

de la niña madre

de la colibrí

Héctor García Moreno

A sewer discharges
into a nearby stream

throws the scum through a pipe
that under pressure impacts
on other floating wastes

Inside the arteries [in the drains]
or in the aorta

the same coagulation stagnates

Alguna cloaca desagua
al arroyo próximo

arroja por un tubo la escoria
que a presión impacta
sobre otras natas

En las arterias [en las alcantarillas]
o en la aorta

se estanca el mismo cuajo

Héctor García Moreno

With this cured mezcal
I toast and tip my hat

to your voice
to the memories

to the faces of men
their veils, their scarves

With this mezcal I celebrate
every year of the calendar
every kiss it brought to me

I'm leaving my homeland

the footprint is erased
with the transient air

Con este mezcal curado
brindo y tomo mi sombrero

por tu voz
por los recuerdos

por los rostros de los hombres
sus velos, sus mascadas

Con este mezcal celebro
cada año del calendario
cada beso que me trajo

me voy yendo de mi tierra

la huella se borra
con el aire pasajero

The love rusts

it rots and pricks
alone

the veins and piping
shrink or expand
at a given moment
they become obstructed

there will remain just
a remedy:

the caustic soda

El amor se oxida

se pudre y se pica
solitario

las venas y las tuberías
se contraen o se dilatan
en algún momento
terminan obstruidas

tan solo quedará
un remedio:

la sosa cáustica

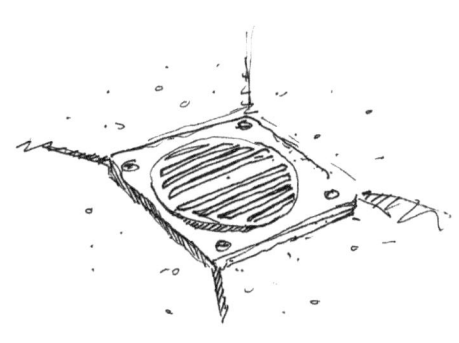

Héctor García Moreno

Amidst water and mud [The decomposition of a dream, in 50 fragments] is the first book of poems by Héctor García Moreno, who in addition to writing poetry and short stories, has ventured successfully into the visual arts.

Born in Mexico City in 1975, and a professional architect, he has been involved on building construction, and conservation and restoration of the Mexican architectural heritage. Héctor currently lives in the city of San Miguel de Allende, Guanajuato, working on projects of visual arts, architecture and literature.

He traveled abroad and was a resident artist in the workshops of Heinrich Scheidgen in Köln, Germany (2007) and Arnoud Schurmann in Rotterdam, the Netherlands (2005).

About his pictorial work, they include his individual exhibitions at the World Trade Center in Mexico City (2008), the exhibition *Convenio Plástico* at the Alfredo Zalce Contemporary Art Museum in Morelia, Mich. (2006), and the exhibition *Fauna Onírica* at the Great Arcade of the House of Culture of Morelia, Mich. (2003).

He has also participated in multiple group exhibitions, among which are: *Disforma: Around Abstraction*, Clavijero Cultural Center, Morelia, Mich. (2016) / *III Pedro Coronel Biennial of Zacatecas*, Pedro Coronel Museum, Zacatecas (2012) / *VIII Alfredo Zalce Painting and Etching Biennial*, MACAZ (2011) / *I Pedro Coronel Biennial of Zacatecas*, Pedro Coronel Museum, Zacatecas (2008) / *Michoacán-New York Collective*, Manhattan, New York (2003) / *Paul Gauguin Biennial of the Pacific*, Autonomous University of Guerrero, México (2001).

On two occasions he has been a scholar of the Ministry of Culture of the State of Michoacán, receiving the scholarships for *Young Creators* (2005) and *Creators With a Trajectory* (2009).

Héctor García Moreno has obtained several prizes for the acquisition of his work, many honorary mentions, as well as national recognitions for his artistic and architectural work, a highlight being the *Distinctive Medal* at the 457th Anniversary of the City of Morelia, in the category of urban intervention (1998).

Héctor García Moreno

Entre el agua y el lodo [La descomposición de un sueño, en 50 fragmentos] constituye el primer libro de poemas de Héctor García Moreno, quien además de escribir poesía y cuentos cortos, ha incursionado exitosamente en las artes visuales.

Nacido en la Ciudad de México en 1975, de profesión arquitecto, ha laborado en proyectos de edificación y restauración y conservación del patrimonio arquitectónico mexicano. Actualmente radica en la Ciudad de San Miguel de Allende, Guanajuato; donde trabaja en proyectos orientados a las artes visuales, arquitectura y literatura.

Ha sido residente artístico en el extranjero en los talleres de los maestros Heinrich Scheidgen en Köln, Alemania (2007) y Arnoud Schurmann en Rotterdam, Holanda (2005).

De su obra pictórica han sido relevantes sus exposiciones individuales en el World Trade Center de la Ciudad de México (2008), la exposición *Convenio Plástico* en el Museo de Arte Contemporáneo Alfredo Zalce de Morelia, Mich. (2006), y la exposición *Fauna Onírica* en la Arcada Mayor de la Casa de la Cultura de Morelia, Mich. (2003).

Ha participado así mismo en múltiples exposiciones colectivas, entre las que destacan: *Disforma: en torno a la abstracción*, Centro Cultural Clavijero, Morelia, Mich. (2016) / *III Bienal Pedro Coronel de Zacatecas*, Museo Pedro Coronel, Zacatecas (2012) / *VIII Bienal de pintura y grabado Alfredo Zalce*, MACAZ (2011) / *I Bienal Pedro Coronel de Zacatecas*, Museo Pedro Coronel, Zacatecas (2008) / *Colectiva Michoacán-New York*, Manhattan, New York (2003) / *Bienal del Pacífico Paul Gauguin* Universidad Autónoma de Guerrero, México (2001).

En dos ocasiones ha sido becario de la Secretaría de Cultura del Estado de Michoacán, recibiendo las becas *Jóvenes Creadores* (2005) y *Creadores con Trayectoria* (2009).

Héctor García Moreno ha obtenido diversos premios de adquisición de obra y varias menciones honoríficas, así como reconocimientos nacionales por su labor artística y arquitectónica, destacando el otorgamiento de la *Medalla Distintiva* en el 457 Aniversario de la Ciudad de Morelia, en la categoría de intervención urbana (1998).

www.ingramcontent.com/pod-product-compliance
Lightning Source LLC
Chambersburg PA
CBHW032135040426
42449CB00005B/257